D1729862

JUNG

La philosophie des contraires

© Éditions Ancrages, 2024
ancrages-editions.com

Direction éditoriale : Philippe Guitton
Création graphique et couverture : Isabelle Denis
Illustration : Tram-Anh Vo
Mise en page : Hélène Fauvel
Relecture : Delphine Livet
Fabrication : Nicolas Hutter

ISBN : 978-2-38594-008-9

Dépôt légal : septembre 2024
Imprimé en France par Corlet imprimeur
(14110 Condé-sur-Noireau)

RENCONTRES PHILOSOPHIQUES

Brigitte Boudon

JUNG

La philosophie des contraires

éditions
ancrages

Je vais vous parler aujourd'hui de quelqu'un qui a apporté une véritable révolution dans le domaine de la connaissance de la psychologie humaine. Moins connu que son illustre prédécesseur Sigmund Freud, il mérite grandement qu'on l'étudie tant ses apports sont riches, profonds, révolutionnaires même. Je veux parler de Carl Gustav Jung, médecin et psychiatre suisse, fondateur de la psychologie analytique, après que Freud ait fondé le concept de psychanalyse. Jung a apporté une contribution essentielle à la connaissance des structures de la psyché humaine, en montrant notamment que le fait d'avoir ignoré pendant si longtemps le monde inconscient est cause de nombreuses névroses et angoisses.

J'ai choisi la thématique de la voie des contraires pour aborder l'apport de Jung. C'est un thème philosophique essentiel, et il me semble intéressant de montrer en quoi Jung a fait un apport majeur à la philosophie, et pas seulement à la psychologie, en explicitant ce dialogue entre concepts opposés qui ont pour finalité de devenir complémentaires.

Les apports de Jung sont multiples et d'une extrême richesse. Son apport majeur est d'avoir explicité et approfondi le processus d'individuation comme voie de réalisation du potentiel humain, et comme processus d'évolution, basé sur la dynamique des contraires. Il nous livre une lecture psychologique de plusieurs traditions orientales, comme le *Bardo Thödol* ou « Livre des Morts tibétain », et le *Traité de la fleur d'or* du taoïsme chinois. Il s'est pris lui-même comme support d'observations et d'expérimentations, en plus des nombreux patients qu'il soignait.

Un certain nombre de philosophes l'ont particulièrement marqué : Aristote pour sa démarche expérimentale, le mystique rhénan Maître Eckhart, mais aussi les philosophes modernes Kant, Schopenhauer, Nietzsche, Jacob Böhme, sans oublier Goethe pour ses travaux scientifiques.

À une époque de sa vie, il a réalisé de grands voyages, ce qui l'a mis en contact avec des modes de pensée différents, en Afrique et en Amérique, au Nouveau-Mexique. Il a redécouvert des enseignements plurimillénaires comme le yoga, l'alchimie chinoise taoïste ou la science des mandalas tibétains, notamment grâce au sinologue Richard Wilhelm et au tibétologue Giuseppe Tucci avec lesquels il a entretenu une profonde amitié.

Les notions essentielles de sa pensée sont indissociables des étapes de sa recherche et des grandes crises existentielles qu'il a traversées. Son itinéraire est admirablement raconté dans son autobiographie qu'il a commencé à écrire à l'âge de 83 ans. Elle s'appelle *Ma vie. Souvenirs, rêves et pensées*. C'est son dernier ouvrage, où il relate ses expériences intérieures, ses sensations, ses rêves, ses rencontres déterminantes.

Il écrit de très nombreux ouvrages, parmi lesquels les plus connus sont *Les Types psychologiques* (1920), *La Dialectique du moi et de l'inconscient* (1933), *Les Racines de la conscience* (1954), *Métamorphoses de l'âme et ses symboles* (1912), *Psychologie de l'inconscient* (1913), *Psychologie et religion* (1940), *Psychologie et alchimie* (1944), *Psychologie du transfert* (1971), *Aïon* (1976), *Réponse à Job* (1952), *Mysterium Conjunctionis* (1955), *Un mythe moderne* (1958),

Psychologie et orientalisme (1985), *Synchronicité et Paracelsica* (1952 et 1942).

Aujourd'hui, enfin, sont également publiées les multiples correspondances avec Sigmund Freud, avec Wolfgang Pauli, prix Nobel de physique, avec le mathématicien Pascual Jordan, avec Erich Neumann, l'un des fondateurs de la physique quantique, avec Heinrich Zimmer l'indianiste, l'écrivain Hermann Hesse ou le sinologue Richard Wilhelm. Ces correspondances témoignent des riches connexions que Jung entretenait avec des spécialistes d'autres domaines que le sien. Il a été consulté par des centaines de personnes dont les plus grands psychiatres et psychanalystes de son temps.

Jung propose une vision globale de l'homme, prenant en compte ses différentes dimensions, du plan spirituel au plan physique, en passant par le psychique, qui est le cœur même où se résolvent les conflits et les tensions. C'est une vision évolutive de la psyché fondée sur la dynamique du conflit et l'opposition des contraires. Citons, par exemple, les paires d'opposés conscient/ inconscient, le moi et l'ombre, les archétypes *animus/anima*. Il s'agit d'une véritable quête du centre, de l'unité, de la totalité, du Soi, que Jung appelle le processus d'individuation.

Cette vision dynamique des opposés, nous la trouvons d'emblée dans sa définition de l'âme. En 1934, il publie un recueil d'articles intitulé *La Réalité de l'âme*. Un titre en forme de proclamation, de défi, comme une profession de foi. La signification de l'âme est certes multiple, mais Jung la définit surtout comme la réalité médiane entre le corps et l'esprit, puisque l'âme participe des deux.

> « C'est un aspect caractéristique de l'homme occidental que d'avoir, à des fins de connaissance, scindé le physique et le spirituel. Dans l'âme toutefois, ces opposés coexistent. C'est là un fait que la psychologie doit reconnaître. Une réalité psychique est à la fois physique et spirituelle. Sans l'âme, l'esprit est mort, de même que la matière, car tous deux sont des abstractions. Ce monde intermédiaire nous apparaît comme trouble et confus parce que chez nous l'idée d'une réalité psychique n'est pas courante pour le moment, bien qu'elle exprime notre véritable sphère vitale. » (*Commentaire sur le Mystère de la Fleur d'or*, 1929.)

L'âme est le monde intermédiaire où l'esprit s'est corporalisé et le corps spiritualisé ; c'est là où se joue le mystère de la conjonction des opposés. Le décor est planté. C'est bien dans la psyché, dans l'âme, que se joue le conflit entre opposés dont la finalité est de retrouver l'unité, au centre de soi-même.

Avant d'aller plus loin, explicitons une première distinction que Jung fait entre deux contraires. Il met en évidence deux attitudes différentes face à la vie, deux façons de réagir aux circonstances. Ce sont les notions aujourd'hui très répandues d'introversion et d'extraversion.

Il existe toute une classe d'êtres humains qui, au moment d'agir dans une situation donnée, exécutent d'abord un léger recul comme s'ils disaient doucement « non » et ne parviennent qu'ensuite à réagir, et une autre classe de gens qui, dans la même situation, semblent réagir immédiatement, parce qu'ils ont pleine confiance en la justice, toute naturelle pour eux, de leur façon d'agir. La première catégorie se caractériserait donc par une certaine relation négative à l'objet, la seconde, par une relation plutôt positive… La première classe correspond à l'attitude introvertie et la seconde, à l'attitude extravertie.

L'attitude extravertie se caractérise par un intérêt pour les événements, les êtres et les choses, les relations. La personne extravertie est motivée par des facteurs extérieurs et grandement influencée par l'environnement, ce qui peut se traduire par une dépendance vis-à-vis de ces facteurs extérieurs.

À l'inverse, l'attitude introvertie est une attitude de retrait, orientée vers l'intérieur, concentrée sur des facteurs subjectifs, et l'influence prédominante est la nécessité intime. L'introverti préfère la réflexion à l'action et peut ne jamais passer à l'action. L'extraverti, par exemple, adopte souvent le point de vue de la majorité, alors que l'introverti peut le rejeter par principe.

L'extraversion est donc l'orientation du sujet vers le « dehors », vers le monde des personnes, des objets, des événements, tant pour y puiser son énergie que pour y exprimer son action. L'introversion est l'orientation du sujet vers le « dedans », vers le monde des pensées, des sentiments et des états intérieurs, tant pour s'y ressourcer que pour s'y exprimer.

Par exemple, que fait l'extraverti le vendredi soir, après une semaine fatigante ? Il consulte son carnet d'adresses pour savoir chez quels amis il va passer la soirée et décroche son téléphone. L'introverti, lui, referme sa porte, met un disque et se plonge dans la lecture ou la méditation.

L'extraverti pense à haute voix ; il a besoin de parler pour former sa pensée ; son discours est changeant, et ne craint pas les contradictions successives, puisqu'il exprime le mouvement de sa réflexion. L'introverti ne parle qu'après mûre réflexion ; il n'exprime que ce qui lui paraît ferme et définitif.

Mal contrôlée, l'extraversion tend à la super-ficialité, au bavardage. Une personne qui parle beaucoup, un fabulateur pris par son propre discours, le gaffeur impénitent. Extrême, elle peut devenir hystérique. À l'opposé, l'introversion excessive tend à l'inhibition, au retrait, à la timidité maladive. La personne introvertie a l'esprit d'escalier et trouve trop tard ce qu'elle aurait pu dire avant ; elle se replie sur son monde intérieur en négligeant ou en ignorant les contraintes des gens et de l'environnement.

Pour l'extraverti, tout introverti est facile-ment classé parmi les inhibés.

Pour l'introverti, tout extraverti est volontiers rangé parmi les hystériques.

C'est une première différenciation de la psyché assez simple à observer en soi et chez les autres. Notre orientation dominante colore nos représentations et nos attitudes courantes. Mieux la connaître permet de mieux comprendre les autres et d'entamer un réel dialogue avec eux. Cette connaissance évite bien des désagréments au quotidien : la jalousie ou la frustration de voir les autres réussir là où nous échouons, la culpabilité de ne pas pouvoir répondre aux attentes des autres ou à nos propres attentes. Si une orientation n'est pas meilleure qu'une autre, l'utilisation exclusive et excessive d'une seule polarité aboutit à un déséquilibre. D'où l'intérêt de développer consciemment la tendance opposée à son orientation dominante. Par exemple, communiquer davantage par la parole pour l'introverti, par l'écrit pour l'extraverti.

Ensuite, nous avons un autre couple d'opposés, plus complexe. C'est le couple conscient/inconscient. Ce n'est pas Jung qui a découvert le concept d'inconscient, mais il est allé au-delà de ce qui avait été préfiguré par Carl Gustav Carus, Bergson ou Freud. Il explique que la psyché se compose de deux sphères complémentaires, le conscient et l'inconscient.

La conscience est comme un îlot qui flotte dans l'immense mer de l'inconscient, selon l'image qu'il emploie. Le moi est le centre de la conscience. Il représente la portion de la psyché qui constitue le centre de la zone consciente et qui semble de la plus grande continuité et identité par rapport à soi-même.

Au-delà du cercle de la conscience, se trouve la sphère de l'inconscient. Le contenu de l'inconscient est, lui, formé de deux couches que Jung nomme l'inconscient personnel et l'inconscient collectif. L'inconscient personnel contient entre autres les contenus réprimés, rejetés hors du champ de la conscience, mais aussi les éléments en sommeil qui ne sont pas encore parvenus à la conscience. Au-delà de l'inconscient personnel, se trouve l'inconscient collectif.

L'inconscient, s'il était seul, demeurerait précisément inconscient à jamais, et nous n'existerions pas, dans le sens où nous n'existons que dans la mesure où nous nous savons exister, où nous en nourrissons la conscience qui vient nous éclairer. En d'autres termes, l'inconscient, dans son essence, n'est pas quelque chose qui se construit par le refoulement et qui serait alors constitué d'éléments refusés par le conscient. Non, pour Jung, l'inconscient est d'une façon primordiale, la fondation même de l'âme d'où surgit la conscience, d'où s'affirme la force de ces étincelles de lumière, les étincelles de conscience.

L'inconscient est donc posé comme premier, une sorte de matrice pour le conscient. On peut dire que le conscient est le non-inconscient. Voyons précisément les définitions que donne Jung de la conscience et de l'inconscient. J'extrais ces définitions du glossaire situé à la fin de son autobiographie dont j'ai parlé au début. Ce glossaire est un outil de travail précieux.

« Conscience : Quand nous nous demandons ce que peut bien être la nature de la conscience, le fait [...] qui nous impressionne le plus profondément c'est que, un événement venant à se produire dans le cosmos, il s'en crée simultanément une image en nous où, en quelque sorte, il se déroule parallèlement, devenant ainsi conscient. En effet, notre conscience ne se crée pas elle-même, elle émane de profondeurs inconnues. Dans l'enfance, elle s'éveille graduellement et, tout au long de la vie, elle s'éveille le matin, sort des profondeurs du sommeil, d'un état d'inconscience. Elle est comme un enfant qui naît quotidiennement du sein maternel de l'inconscient. » (*Ma vie. Souvenirs, rêves et pensées*[1].)

---

1 Les citations qui sont des descriptions de concepts sont extraites du Glossaire du livre de Carl Gustav Jung, *Ma vie. Souvenirs, rêves et pensées*, trad. par Aniela Jaffé, Paris, Poche, 1991.

« L'Inconscient : Théoriquement, on ne peut fixer de limites au champ de la conscience puisqu'il peut s'étendre indéfiniment. Empiriquement, cependant, il trouve toujours ses bornes quand il atteint l'inconnu. Ce dernier est constitué de tout ce que nous ignorons, de ce qui, par conséquent, n'a aucune relation avec le moi, centre du champ de la conscience. [...] Tout ce que je connais, mais à quoi je ne pense pas à un moment donné, tout ce dont j'ai eu conscience une fois mais que j'ai oublié, tout ce qui a été perçu par mes sens mais que je n'ai pas enregistré dans mon esprit conscient, tout ce que, involontairement et sans y prêter attention (c'est-à-dire inconsciemment), je ressens, pense, me rappelle, désire et fais, tout le futur qui se prépare en moi, qui ne deviendra conscient que plus tard, tout cela est le contenu de l'inconscient. » (*Ma vie. Souvenirs, rêves et pensées.*)

« À ces contenus viennent s'ajouter les représentations ou impressions pénibles plus ou moins intentionnellement refoulées. J'appelle inconscient personnel l'ensemble de tous ces contenus. Mais, au-delà, nous rencontrons aussi dans l'inconscient des propriétés qui n'ont pas été acquises individuellement ; elles ont été héritées, ainsi les instincts, ainsi les impulsions pour exécuter des actions commandées par une nécessité, mais non par une motivation consciente… C'est dans cette couche plus profonde de la psyché que nous rencontrons aussi les archétypes. Les instincts et les archétypes constituent ensemble l'inconscient collectif. Je l'appelle collectif parce que, au contraire de l'inconscient personnel, il n'est pas le fait de contenus individuels plus ou moins uniques, ne se reproduisant pas, mais de contenus qui sont universels et qui apparaissent régulièrement. » (*Ma vie. Souvenirs, rêves et pensées.*)

En résumé, on peut dire que l'inconscient en soi ne nous est pas accessible puisqu'il est la condition première au surgissement de la conscience, et que la conscience ne paraît que dans un processus de limitation, de définition, de découpe dans l'inconscient. L'inconscient nous est à jamais inconnu, il nous échappe et nous ne pouvons connaître que les manifestations, les apparitions, les épiphanies qui s'en font au sein de la conscience.

D'où une dialectique sans fin entre conscient et inconscient et le travail de la raison pour faire apparaître l'inconscient. C'est la raison pour laquelle l'analyste jungien intervient de manière directive dans son travail avec le patient pour aider à ce dialogue intérieur.

Le travail de la raison est essentiel pour ce travail de prise de conscience d'éléments jusqu'alors inconscients. C'est donc bien dans l'âme, le monde intermédiaire entre l'esprit et le corps, que se joue le dialogue intérieur, la confrontation entre conscient et inconscient. L'inconscient est riche de notre potentiel, de toutes les facultés qui y sont en sommeil, à l'état potentiel ou virtuel, ne demandant qu'à s'exprimer de manière consciente. C'est pourquoi notre évolution est liée à un élargissement ou une dilatation de conscience. Être conscient de plus de choses, être capable de faire des liens, être moins cloisonné, pouvoir dialoguer avec des personnes différentes de soi. Notre inconscient est en quelque sorte riche de notre devenir.

Nous venons de voir la dynamique créatrice entre conscient et inconscient. Continuons notre avancée dans la vision jungienne, avec deux autres concepts essentiels, la *persona* et l'ombre. Jung appelle *persona* le masque derrière lequel chacun vit. C'est le rôle que chacun joue, sorte de compromis entre ce qu'il est réellement et ce qu'on attend de lui. À l'origine, le mot *persona,* mot latin, désigne le masque porté par les acteurs dans le théâtre antique.

« La *persona* est le système d'adaptation ou la manière à travers lesquels on communique avec le monde. Chaque état, ou chaque profession, par exemple, possède sa propre *persona* qui les caractérise… Mais le danger est que l'on s'identifie à sa *persona* ; le professeur à son manuel, le ténor à sa voix. On peut dire, sans trop d'exagération, que la *persona* est ce que quelqu'un n'est pas en réalité, mais ce que lui-même et les autres pensent qu'il est. » (*Ma vie. Souvenirs, rêves et pensées.*)

La *persona* est une nécessité, car c'est elle qui nous relie au monde. Son développement fait partie du processus vital, de notre adaptation au monde, et de l'empreinte que nous y laissons. Jung explique que nous nous développons, s'il n'y a aucun obstacle, dans la perspective où nous avons le plus de facilité. Nous avons, en même temps, fortement tendance à nous conformer à ce qu'on attend de nous, à répondre à la pression que l'éducation et la société font peser sur nous. La *persona* doit donc être développée sans tomber dans le piège de s'identifier exclusivement à elle. Elle représente une zone médiatrice entre la conscience du moi et le monde extérieur.

Mais un autre aspect de nous-mêmes ne se trouve pas dans la *persona*, et se trouve refoulé dans l'inconscient. C'est ce que Jung appelle l'ombre. Voilà un concept essentiel. C'est la partie de notre être qui veut faire tout ce que nous ne nous permettons pas. L'ombre est notre part primitive, incontrôlée, animale. C'est souvent ce qui nous dérange chez l'autre. Ce sont tous ces désirs et émotions incompatibles avec les normes sociales et notre personnalité idéale, tout ce qui nous rend honteux, tout ce que nous voulons ignorer sur nous-mêmes. L'ombre ne se réduit pas à l'inconscient personnel, car elle fait partie aussi des phénomènes collectifs. Elle s'exprime alors sous la forme du diable, de la sorcière. Nous y reviendrons. Jung définit ainsi l'ombre :

« Ombre. La partie inférieure de la personnalité ; somme de tous les éléments psychiques personnels et collectifs qui, incompatibles avec la forme de vie consciemment choisie, n'ont pas été vécus ; ils s'unissent dans l'inconscient en une personnalité partielle relativement autonome avec tendances opposées à celles du conscient. L'ombre, par rapport à la conscience, se comporte de façon compensatoire, aussi son action peut-elle être aussi bien positive que négative [...] En tant qu'élément de l'inconscient personnel, l'ombre procède du moi ; mais en tant qu'archétype de l'éternel "antagoniste", il procède de l'inconscient collectif. » (*Ma vie. Souvenirs, rêves et pensées.*)

L'ombre est quelque chose de complexe, pas seulement un ensemble d'éléments personnels refoulés, mais l'éternel antagoniste ou autre qui est en soi. C'est pourquoi la connaissance de l'ombre, le dialogue avec l'ombre est indispensable dans le processus d'individuation. Il est dans la nature des choses qu'il y ait lumière et obscurité, ombre et soleil. L'homme doit trouver une façon de vivre avec son ombre ; sa santé mentale et physique en dépend. La dialectique entre conscient et inconscient prend la forme d'un dialogue créatif entre le moi, la *persona* et l'ombre.

« Mettre quelqu'un en face de son ombre, c'est aussi lui montrer ce qu'il a de lumineux. Lorsque l'on a fait plusieurs fois cette expérience, lorsque l'on a appris à juger en se plaçant entre les extrêmes, on en vient inévitablement à ressentir ce que signifie son propre soi. Lorsque l'on perçoit en même temps son ombre et sa lumière, on se voit par les deux faces de son être, et ainsi l'on aboutit au centre. C'est là le secret de l'attitude orientale : la contemplation des opposés enseigne à l'homme oriental le caractère de la *maya*. Elle confère à la réalité le caractère de l'illusion. Derrière les opposés, et dans les opposés, se trouve la vraie réalité qui voit et embrasse le tout. C'est ce que les hindous appellent *atman*. C'est ce qui littéralement, "souffle à travers moi". Et non seulement à travers moi, mais à travers tous ; en d'autres termes, il ne s'agit pas seulement de l'*atman* individuel, mais de l'*atman* général, du *pneuma* qui souffle à travers tous les êtres. Nous autres Occidentaux utilisons pour cela le terme : le "soi", par opposition au petit "moi". Ce qui est désigné par "soi" représente la totalité psychique. » (*Psychologie et orientalisme*, Paris, Albin Michel, 1985, p. 271-272.)

Jung explique très clairement la dynamique créatrice du conflit entre le moi, la *persona* et l'ombre.

« Dans la mesure où le traitement analytique rend l'ombre consciente, il crée une faille et une tension entre les contraires qui, à leur tour, cherchent à s'équilibrer en une unité. Ce sont des symboles qui opéreront la liaison. La confrontation entre les contraires touche à la limite du supportable lorsqu'on prend cette confrontation au sérieux ou lorsqu'on est pris au sérieux par les contraires eux-mêmes. Le *tertium non datur* – il n'est pas donné de troisième terme – de la logique se confirme ;

on est incapable d'entrevoir une troisième solution.

Cependant, quand tout se passe bien, cette troisième solution se présente spontanément, de par la nature même. [...] La solution naissant de la confrontation et de la lutte des contraires est le plus souvent constituée par un mélange inextricable de données conscientes et inconscientes, et c'est pourquoi on peut la dire un « symbole », comme une pièce de monnaie coupée en deux dont les moitiés s'encastrent exactement. Cette solution représente le résultat de la coopération du conscient et de l'inconscient ; elle atteint à l'analogie avec l'image de Dieu, sous forme de mandala, qui est sans doute l'esquisse la plus simple d'une représentation de la totalité, et elle s'offre spontanément à l'imagination pour figurer les contraires, leur lutte et leur conciliation en nous. La confrontation, qui est tout d'abord de nature purement personnelle, s'accompagne bientôt de l'intuition et de la connaissance, que la tension subjective en soi-même entre les opposés n'est, en toute généralité, qu'un cas d'espèce dans les tensions conflictuelles du monde.

Car notre psyché est structurée à l'image de la structure du monde, et ce qui se passe en grand se produit aussi dans la dimension la plus infime et la plus subjective de l'âme. [...]

Je pense ici à la plus simple des formes fonda-
mentales du mandala, la circonférence, et au
partage du cercle le plus simple mentalement :
le carré ou la croix. » (*Ma vie. Souvenirs, rêves
et pensées.*)

Ce texte est d'une richesse incroyable. Jung
évoque la signification étymologique du mot
« symbole ». Issu du mot *sumbolon* en grec, le symbole est à l'origine un objet coupé en deux, deux
fragments de céramique, de bois ou de métal.
Deux personnes en gardent chacune une partie,
deux hôtes, deux pèlerins, deux êtres qui vont
se séparer. En rapprochant les deux parties, ils
reconnaîtront plus tard leurs liens d'hospitalité,
leurs dettes, leur amitié. Le symbole sépare et
met ensemble. Il évoque une communauté qui
a été divisée et qui peut se reformer.

Pour Jung, le symbole surgit de la confrontation entre le conscient et l'inconscient. C'est
le fameux troisième terme, qui relie et sépare
en même temps les opposés. C'est pourquoi les
symboles ou figures géométriques, tels le cercle,
le carré, le triangle, la croix, sont particulièrement présents comme éléments unificateurs
dans l'évolution de la conscience humaine.

La confrontation avec son ombre est d'une
importance capitale pour Jung. Là encore, il

s'agit de construire un dialogue avec l'autre qui est en soi. Trop souvent, on a peur de cet autre ou on peut être fasciné par lui. Deux attitudes qui empêchent de le voir en face et d'entamer avec lui un dialogue serein. Serein ne veut pas dire confortable, car la confrontation à l'inconnu et à ses limites est toujours source d'inconfort. Mais si nous développons la confiance et l'amour de l'ombre, alors la tension se transformera en nouvel équilibre.

Il nous faut encore étudier deux autres notions antagonistes, l'*animus* et l'*anima*. Jung nous dit que l'inconscient de l'homme contient un élément féminin, l'*anima*, et celui de la femme un élément masculin, l'*animus*.

> «*Anima* et *animus*. Personnification de la nature féminine de l'inconscient de l'homme et de la nature masculine de l'inconscient de la femme. […] *Anima* et *animus* se manifestent typiquement sous des formes personnifiées dans les rêves et les fantaisies, ou dans l'irrationalité d'un sentiment masculin et d'une pensée féminine. Comme régulateurs du comportement, ce sont deux des archétypes les plus influents.» (*Ma vie. Souvenirs, rêves et pensées.*)

«L'*anima* est féminine ; elle est uniquement une formation de la psyché masculine, une figure qui compense le conscient masculin. Chez la femme, à l'inverse, l'élément de compensation revêt un caractère masculin, et c'est pourquoi je l'ai appelé l'*animus*. L'âme au cours du processus d'individuation, s'adjoint à la conscience du moi et possède donc chez l'homme un indice féminin et chez la femme un indice masculin. L'*anima* de l'homme cherche à unir et à rassembler, l'*animus* de la femme cherche à différencier et à reconnaître. Il y a là des positions strictement contraires qui constituent, au plan de la réalité consciente, une situation conflictuelle, même quand la relation consciente des deux partenaires est harmonieuse. »

L'*animus* et l'*anima* sont ce que Jung appelle des archétypes, à la fois individuels et collectifs. La manière dont Jung a défini les archétypes a évolué au cours de sa vie. Dans un premier temps, Jung appelle archétype une image pri-mordiale, qui se répèterait partout et toujours à l'identique. Par exemple, dans les mythologies anciennes, dans les expériences mystiques de tous lieux et religions, dans les rêves ou les fantasmes des hommes de tous les temps. On parlera ainsi, pour l'*anima,* de l'archétype de la Grande Mère, de la Vierge, de la Déesse mère, de la Sagesse, et pour l'*animus*, de l'archétype du dieu-Père, ou du vieux Sage.

Selon cette première définition, l'archétype serait lié aux origines du monde ou de l'humanité. Or, c'est une conception que Jung abandonne dans les années vingt et trente. À la suite de sa propre évolution intérieure, Jung fait de l'archétype une notion principielle. Toujours en utilisant le mot *arché*, Jung passe de son sens de primitif et de premier dans l'histoire, comme on parle d'archéologie, à son sens de principe et de fondement logique de l'imagination.

L'archétype est alors une forme *a priori* de la possibilité de connaissance, excluant tout contenu particulier, toute image ou tout symbole particulier. C'est comme une matrice d'où viennent les connaissances ou les images, mais l'archétype ne se réduit pas aux connaissances ou aux images elles-mêmes.

« En lui-même, l'archétype échappe à la représentation, forme préexistante et inconsciente qui semble faire partie de la structure héritée de la psyché et peut, par conséquent, se manifester spontanément partout et en tout temps. On ne peut prouver qu'une image primordiale est déterminée quant à son contenu que si elle est consciente, donc remplie de matériaux de l'existence consciente. L'archétype en lui-même est vide ; il est un élément purement formel, rien d'autre qu'une possibilité de préformation, forme de représentation donnée a priori. [...] Il me semble probable que la véritable essence de l'archétype ne peut devenir consciente ; elle est transcendante. On ne doit point un instant s'abandonner à l'illusion que l'on parviendra finalement à expliquer un archétype. » (*Ma vie. Souvenirs, rêves et pensées.*)

L'archétype indique sa présence à travers l'image, en même temps qu'il se voile sous le corps de l'image. Jung nous incite à bien discerner la notion d'archétypes, inconnaissables en soi, toujours inconscients, de celle d'images ou de représentations archétypales qui sont des phénomènes, mélange de conscient et d'inconscient.

En ce sens, l'*animus* et l'*anima* revêtent des formes archétypales différentes, qui n'épuisent pas la puissance de l'archétype. Les images archétypiques sont des symboles, des mythes, des images, alors que les archétypes sont des principes de formation de ces symboles ou de ces images. On comprend mieux pourquoi il y a en fait un tout petit nombre d'archétypes :

l'archétype de la Mère, celui du Père, celui de l'Enfant, et surtout l'archétype du Soi, celui de l'Homme universel.

J'explique ceci car très souvent le terme « archétype » est utilisé dans la première acception de Jung, et pas dans la seconde, entraînant une confusion entre l'archétype et son expression imagée ou symbolique.

Maintenant que nous avons défini les principaux concepts mis au jour par Jung, nous pouvons parler de ce processus de transformation de soi, fondé sur le dialogue entre les opposés : extraversion-introversion, conscient-inconscient, *persona*-ombre, *animus-anima*. Ce processus est appelé processus d'individuation et il doit nous amener du moi au Soi.

Comment Jung définit-il l'individuation ?

« Individuation : J'emploie cette expression pour désigner le processus par lequel un être devient un "in-dividu" psychologique, c'est-à-dire une unité autonome et indivisible, une totalité. [...] On pourrait donc traduire le mot d'individuation par "réalisation de soi-même", "réalisation de son Soi". [...] Mais je constate continuellement que le processus d'individuation est confondu avec la prise de conscience du moi et que par conséquent celui-ci est identifié au Soi, d'où il résulte une désespérante confusion de concepts. Car dès lors, l'individuation ne serait plus qu'égocentrisme. Or le Soi comprend infiniment plus qu'un simple moi… L'individuation n'exclut pas l'univers, elle l'inclut. » (*Ma vie. Souvenirs, rêves et pensées.*)

L'individuation est un processus qui fait d'un individu l'être qu'il doit être. De ce fait, il ne deviendra pas égoïste ni égocentrique, mais accomplira simplement sa nature d'être. Dans la mesure où l'individu humain en tant qu'unité vivante est composé d'une foule et d'une somme de facteurs universels, il est totalement collectif et sans l'ombre d'une opposition à la collectivité. Lors du processus d'individuation, l'individu parcourt quatre étapes et rencontre trois archétypes. Les quatre étapes sont le déconditionnement par rapport au moi, la rencontre avec l'ombre, la rencontre avec les deux archétypes de l'*anima* ou de l'*animus*, enfin, la rencontre avec l'archétype lumière ou du Soi.

L'archétype du Soi est l'aboutissement du processus d'individuation, la fin de la dialectique conscient-inconscient, la finalité de la voie des contraires. À la dernière étape, toutes les structures de l'individu commencent à se réorganiser vers un centre qui est le Soi. Le moi individualisé a atteint son but, le point central dépassant toute définition rationnelle. Le Soi correspond pour Jung à « Dieu en nous ».

L'individuation inclut l'univers, dit Jung, car elle réintègre l'homme particulier au sein de l'archétype de l'homme universel, porteur de toute l'expérience de l'humanité. Le Soi est l'expression de l'intégrité, le point final du processus d'individuation. La traversée est achevée, le trésor retrouvé.

> « Soi. C'est l'archétype central, l'archétype de l'ordre, la totalité de l'homme. Il est représenté symboliquement par le cercle, le carré, la quaternité, l'enfant, le mandala, etc. Le Soi est non seulement le centre, mais aussi la circonférence complète qui embrasse à la fois conscient et inconscient ; il est le centre de cette totalité comme le moi est le centre de la conscience. Le Soi est aussi le but de la vie, car il est l'expression la plus complète de ces combinaisons du destin que l'on appelle un individu. » (*Ma vie. Souvenirs, rêves et pensées.*)

L'essence du Soi est le paradoxe, car il nous permet de vivre ce qui est singulier et unique en nous et, en même temps, met notre ego en relation avec la dimension transpersonnelle. à son niveau, la vie n'est plus perçue comme une lutte mais comme une source d'abondance. Nous devenons les rois et les reines de nos propres domaines et si nous sommes fidèles à notre être intérieur, le Soi, nous faisons fleurir la terre desséchée.

Le processus d'individuation est un dialogue permanent entre les contraires, pour parvenir à l'idée et au vécu d'une totalité, d'une unité. Jung l'exprime encore une fois très clairement :

> « Le mythe doit laisser s'exprimer la *complexio oppositorum* – la complémentarité des contraires – philosophique d'un Nicolas de Cues et l'ambivalence morale que l'on rencontre chez Jacob Böhme. C'est seulement alors que peuvent être accordées au Dieu unique et la totalité, et la synthèse des opposés qui lui reviennent. Quiconque a expérimenté que les contraires, du fait de leur nature, peuvent s'unifier grâce au symbole de telle manière qu'ils ne tendent plus à se disperser ni à se combattre, mais au contraire à se compléter réciproquement et à donner à la vie une forme pleine de sens, n'éprouvera plus de difficultés face à l'ambivalence de l'image d'un dieu de la nature et de la

création. Il comprendra précisément le mythe du "Devenir Homme" nécessaire de Dieu, le message chrétien essentiel, comme une confrontation créatrice de l'homme avec les éléments contraires ainsi que leur synthèse dans la totalité de sa personnalité, le Soi. » (*Ma vie. Souvenirs, rêves et pensées.*)

Vous comprenez pourquoi j'ai choisi ce thème de la voie des contraires pour aborder Jung. Comme il l'écrit dans les premières lignes de son autobiographie, « ma vie est l'histoire d'un inconscient qui a accompli sa réalisation ». Jung nous donne tout au long de ses ouvrages des pistes concrètes, des conseils, des exhortations pour nous aider dans ce processus d'accomplissement de Soi-même. Pour que notre être profond se déploie, se dilate, s'élargisse, pour que notre âme retrouve les ailes qu'elle a perdues. C'est le génie de Jung d'avoir retrouvé par lui-même et en lui-même le message spirituel de nombreuses traditions philosophiques. Jung n'est pas seulement un immense psychologue des profondeurs, il a été un philosophe extraordinaire car sa vie, son œuvre et ses pensées ne font qu'un.

QUESTIONS

—

RÉPONSES

Qu'est-ce qui distingue la vision de Jung de celle, plus connue, de Freud ?

Les travaux de Freud attirent l'attention de Jung, et ils finissent par se rencontrer en mars 1907 à Vienne, et c'est le début de longs échanges avec Freud. Il se lie d'amitié avec lui et cette amitié féconde va durer sept ans. Pourtant, Jung s'éloigne peu à peu de Freud, car il ne peut accepter sa conception de l'énergie psychique, la libido, limitée à l'impulsion sexuelle. Il raconte très bien sa rupture avec Freud dans son autobiographie :

« C'est surtout l'attitude de Freud vis-à-vis de l'esprit qui me sembla sujette à caution. Chaque fois que l'expression d'une spiritualité se manifestait chez un homme ou dans une œuvre d'art, il soupçonnait et faisait intervenir de la "sexualité refoulée". [...] J'ai encore un vif souvenir de Freud me disant : "Mon cher Jung, promettez-moi de ne jamais abandonner la théorie sexuelle. C'est le plus essentiel ! Voyez-vous, nous devons en faire un dogme, un bastion inébranlable." [...] Ce choc frappa au cœur notre amitié. Je savais que je ne pourrais jamais faire mienne cette position. Pour moi, la théorie sexuelle était tout aussi occulte, c'est-à-dire non démontrée, simple hypothèse possible, comme bien d'autres conceptions spéculatives. Une vérité scientifique était pour moi une hypothèse momentanément satisfaisante, mais non un article de foi éternellement valable. » (*Ma vie. Souvenirs, rêves et pensées.*)

Cette rupture entre Jung et Freud est très violente pour les deux hommes. Freud avait cru voir en Jung le disciple qui continuerait son œuvre, et Jung avait considéré Freud comme un maître et un véritable ami. Après sa rupture avec Freud en 1913, Jung est seul, totalement désorienté. C'est une des plus grandes crises qu'il va vivre, et la plus longue puisqu'elle durera jusqu'en 1919. Jung sent qu'il doit affronter en lui-même le monde obscur et décide d'accepter la confrontation avec son inconscient. Ce fut le tournant de son destin. C'est à ce moment-là qu'il va commencer à écrire le fameux *Livre rouge*, qui a été enfin publié en 2009. Ce livre témoigne de sa véritable descente aux enfers, avant de renaître avec un état d'esprit renouvelé.

Certains tests psychologiques utilisés dans les entreprises sont basés sur les fonctions jungiennes de la psyché. Pouvez-vous nous en dire un peu plus ?

Jung a mis en lumière l'existence de différents types de structures mentales, qu'il a nommés attitudes et fonctions. Il en a tiré une typologie qu'il a présentée dans son ouvrage *Types psychologiques*, qui paraît pour la première fois en 1920. Sa typologie est construite autour de concepts, qui dénotent des attitudes et des comportements parmi lesquels nous avons des préférences. L'hypothèse fondamentale de Jung est que si nous disposons tous de toutes les possibilités, nous n'en avons pas moins une préférence innée pour certains au détriment des autres.

Notre constitution personnelle, notre éducation nous amènent à privilégier les uns par rapport aux autres. Et la répétition de certains comportements crée des habitudes, une routine à laquelle on fait confiance même si elle nous emprisonne. C'est comme avec une main dominante, ou une partie du cerveau dominante, on prend des habitudes et l'autre qui n'est pas sollicitée peut s'atrophier. Et pourtant, c'est dans la part de nous-mêmes que nous n'exploitons pas spontanément que gît précisément le plus grand potentiel d'énergie et de développement. C'est là où nous allons rencontrer des ombres, des peurs, de l'inconnu, source de progression.

C'est fondamental dans le processus d'évolution ou d'individuation ; c'est inconfortable car on est alors sur des terrains peu connus, peu balisés, où on prend des risques, où on se met en danger, mais c'est la méthode pour progresser.

La typologie de Jung est construite autour de quatre fonctions essentielles, qui constituent une sorte de boussole de la psyché. Ces quatre fonctions se divisent en deux groupes : les fonctions de Perception et les fonctions de Jugement. Les premières sont liées au recueil d'informations et sont composées de la Sensation et de l'Intuition. Les secondes sont liées à la prise de décision et comprennent la Pensée et le Sentiment.

La principale difficulté est de bien s'approprier ces notions, car leurs contenus sont relativement éloignés de l'usage courant des mots employés. Pour résumer simplement ces quatre fonctions, on peut dire que la sensation nous permet de capter les données par nos sens. C'est un processus analytique, découpé, progressif. Alors que l'intuition permet de capter les données de manière plus immédiate, plus abstraite et globale. Le sensoriel utilise un langage littéral qui renvoie à des choses concrètes, à signification unique, alors que l'intuitif utilise volontiers un langage symbolique, plus complexe et évocateur.

De nombreuses difficultés de compréhension surgissent de cette différence de perception. L'intuitif peut être agacé par le raisonnement séquentiel du sensoriel. Le sensoriel peut alors vouloir donner encore plus de détails pour bien argumenter sa pensée, ce qui ne fera que rendre son discours encore plus confus pour l'intuitif. À l'inverse, le sensoriel se demandera quel tour de passe-passe lui joue l'intuitif qui lui donne la conclusion avant d'avoir exploré toutes les prémisses. Désireux de faire partager sa conviction, l'intuitif risque de répéter de plus en plus que « c'est pourtant clair », ce que le sensoriel interprétera comme complètement « fumeux ».

Existe-t-il d'aussi grandes différences avec nos jugements ?

Oui, ce sont vraiment comme des lunettes que nous mettons pour regarder le monde, et nous avons du mal à imaginer qu'il peut être perçu autrement que comme nous le percevons nous-mêmes !

Après le recueil d'informations, sur l'un ou l'autre mode, vient le moment de la décision. Le type de critère que nous adoptons dépend de notre préférence pour l'une des deux fonctions, la Pensée ou le Sentiment.

Le type Pensée aime à réfléchir et considère la pensée comme l'attribut le plus important de l'homme. Il décide en fonction de ce qui paraît logique, objectif, rationnel. Il cherche à distinguer le vrai du faux ; alors que le type Sentiment décide en fonction de valeurs personnelles et subjectives. Il cherche plutôt à distinguer le bien du mal.

Pour Jung, il y a donc deux manières tout aussi rationnelles l'une que l'autre de prendre une décision : l'une consiste à s'appuyer sur un raisonnement impersonnel et logique, l'autre sur l'intime conviction, le for intérieur. La position distanciée du type Pensée lui permet d'atteindre plus aisément son objectif de justice et de clarté. Le souci d'implication du type Sentiment le rend apte à faire régner l'harmonie, qui est une de ses principales préoccupations. Dans ce domaine aussi, vous pouvez avoir de multiples incompréhensions, puisque le message de la personne de type Pensée porte sur les principes. On dit d'elle que c'est une personne normative pour qui le contenu du discours est le plus important. Cette personne pense que l'adhésion intellectuelle est le moteur de la décision, par exemple dans un groupe humain. Alors que le message de la personne de type Sentiment porte sur les personnes et leurs valeurs. Les formes du discours, l'interaction entre l'émetteur et le récepteur sont essentielles pour elle. Cette personne estime que la motivation personnelle est le ressort de l'action.

Ces quatre fonctions essentielles se colorent chacune de l'orientation extraversion-introversion que nous avons vue au tout début. Ce qui nous donne au total huit types psychologiques, selon la domination de l'une des quatre fonctions, qui peut être sur le mode extraverti ou introverti. Comme le disait Jung lui-même, ces éléments n'ont rien de dogmatique, mais ces critères de classification nous aident à comprendre nos propres préjugés.

De mon point de vue, cette boussole est un outil extraordinaire pour travailler les points faibles ou fragiles de notre psyché. Le but n'est pas de seulement exceller dans ses fonctions préférées, mais d'être capable d'utiliser au moins au minimum les autres fonctions quand il le faut. Cette boussole des huit types psychologiques est un des outils du processus évolutif d'individuation.

C'est une approche passionnante qui serait probablement restée confinée dans des cercles restreints si au cours du XXe siècle, certains psychologues n'avaient retravaillé les concepts de Jung pour les rendre plus opérationnels. C'est ainsi qu'un certain nombre d'indicateurs nouveaux sont apparus et des questionnaires permettant de connaître son type psychologique dominant. Le plus connu à ce jour est l'Indicateur typologique de Myers-Briggs ou MBTI, publié pour la première fois en 1962 par l'université de Princeton, largement utilisé par les entreprises. Les années 1990 ont vu le développement de la démarche typologique et la création de nombreux tests ou questionnaires.

Un certain nombre de ces recherches se sont éloignées de l'état d'esprit de Jung, ont oublié la prudence avec laquelle Jung maniait ses concepts, et surtout ont perdu de vue la finalité de cette connaissance, l'individuation, c'est-à-dire l'accomplissement de l'individu, en dehors de tout enjeu immédiat d'efficacité, aussi louable soit-il.

Vous avez parlé d'un texte d'alchimie chinoise que Jung a commenté. En quoi la psychologie est-elle liée à l'alchimie ?

Jung étudie l'alchimie à partir des années 1930, dans la seconde partie de sa vie. Il découvre un traité d'alchimie taoïste que lui fait connaître le sinologue Richard Wilhelm. Jung se passionne alors pour le parallèle entre l'alchimie et la psychologie des profondeurs. à la demande de Wilhelm, Jung écrit un commentaire sur le texte chinois, *Le Mystère de la Fleur d'Or*. Il s'agit d'un traité d'alchimie taoïste qui décrit les quatre étapes d'une « révolution de la lumière » ayant pour terme l'éclosion d'un germe immortel, une nouvelle naissance de l'être. Jung retrouve dans ce texte l'écho de ses propres recherches d'alors. Les mandalas qu'il dessine et ceux de ses patients lui paraissent l'exacte réponse à l'alchimie spirituelle de l'ouvrage chinois.

Cette rencontre avec ce texte et le sinologue Wilhelm peut être interprétée comme un exemple remarquable de « synchronicité » à laquelle Jung consacrera par la suite un essai. Jung ne cessera de montrer l'étonnant parallèle existant entre les images des vieux traités alchimiques et les productions oniriques issues des rêves et dessins de ses malades ou de lui-même.

Jung fait une analogie entre les quatre étapes de l'œuvre alchimique et les quatre phases du processus d'individuation.

La première phase, appelée en alchimie l'œuvre au noir, correspond à la première étape du processus d'individuation. Il s'agit de prendre conscience de sa propre confusion intérieure et de se confronter à ce que l'on a rejeté dans l'inconscient personnel, son ombre. Se confronter à son ombre, se désidentifier de son masque engendre d'abord une phase de confusion, de dissolution où les repères habituels perdent de leur puissance.

La rencontre assumée avec l'ombre permet d'intégrer ce qui paraît négatif en soi, donne une ouverture aux autres insoupçonnée jusqu'alors. Elle requiert l'abandon de ses préjugés et l'intégration d'éléments jusqu'alors inconscients. C'est l'œuvre au blanc de l'alchimie, liée à la purification. Le blanc, synthèse de toutes les couleurs, symbolise le potentiel que l'individu va pouvoir commencer à développer.

La troisième phase alchimique, appelée l'œuvre au jaune, correspond chez Jung à la rencontre avec les messagers du Soi, représentés par l'*animus* et l'*anima*. Jung a observé une évolution des images-symbole qui représentent ces deux archétypes, selon quatre degrés par lesquels le sexe perd son pouvoir de fascination au profit d'aspirations artistiques, intellectuelles ou spirituelles. C'est la même énergie qui se transforme et s'affine.

Ainsi, la figure féminine de l'*anima* commence par la femme primitive, fortement sexualisée, puis devient la femme romantique, la femme vénérée, pour culminer dans la vision de l'amour et de la sagesse. De même, la figure masculine de l'*animus* commence par l'homme sauvage et puissant physiquement, puis l'homme romantique ou l'aventurier, celui qui possède la parole, enfin le savoir, la connaissance qui permet de tout embrasser.

Enfin, correspondant à l'œuvre au rouge, dernière étape de la transformation alchimique, c'est la rencontre avec l'archétype lumière, l'archétype du Soi ou de l'unité retrouvée dans le processus jungien. Le contact intime avec cet archétype permet de réordonner harmonieusement les composantes de la psyché autour d'un centre-sommet.

Avec ces quelques éléments, on voit bien l'analogie entre les étapes décrites par l'alchimie, mais aussi par de nombreuses traditions spirituelles, et la démarche de Jung. C'est à une véritable métamorphose de l'âme que Jung nous invite.

Freud utilisait les rêves dans sa méthode. Est-ce que Jung faisait de même ?

Le rêve joue un rôle essentiel dans la vie et la démarche de Jung. Il est pour lui, comme pour Freud, « la voie royale » menant à l'inconscient. Jung professe le plus grand respect à l'égard du songe et de son message. À ses yeux, le rêve révèle l'existence d'un psychisme objectif, d'une sagesse naturelle qui tend à l'autorégulation de la psyché et dont il est la voix.

Le rêve qui traduit l'état de l'inconscient à un moment donné exerce une fonction de compensation par rapport aux attitudes conscientes, et n'est pas seulement l'expression d'une censure, ce qui est la conception freudienne. La signification des rêves dépasse toujours les interprétations que l'on peut en donner, car le rêve s'exprime de manière symbolique, et le propre du symbole est précisément de mettre le conscient en contact avec ce qui est inconnu et à jamais inconnaissable.

Par ailleurs, il n'existe pas de rêve isolé. C'est pourquoi il est nécessaire de connaître plusieurs rêves d'une même personne, rêves accomplis à des dates rapprochées, puis à des dates diverses et en des lieux divers, car un rêve fait partie d'un ensemble imaginatif. Le contexte implique

que l'on connaisse également le rêveur lui-même, son histoire, sa conscience, l'image qu'il se fait de lui-même et de sa situation. Le rêve, malgré son apparence décousue, s'inscrit dans une continuité ; les rêves s'articulent entre eux.

Il y a bien sûr des petits et des grands rêves. Les petits rêves sont les rêves « bilan de la journée ». Ils semblent anodins, car on y retrouve les problèmes vécus au quotidien. Ils expriment notre inconscient personnel. Ce sont aussi les rêves « compensatoires », qui réduisent ce qui a été surestimé dans la journée par le conscient, et soulignent au contraire ce qui a été dévalué. Ils ont ainsi une fonction de rectification pour rétablir un équilibre et vivre mieux les événements. C'est une sorte de soupape de l'inconscient.

Et puis, il y a les grands rêves qui ont un tout autre message. Les rêves de « transmutation » mettent en jeu des forces internes et créent un conflit avec le moi conscient. Les rêves de mort font partie de cette catégorie. On se réveille par exemple avec l'envie de pleurer, ou avec une sensation d'angoisse. Que la personne rêve sa propre mort ou celle d'une autre personne, ces rêves sont généralement à interpréter comme symbole de transformation et de passage. Ils signifient qu'un renouvellement intérieur est en train de se produire. Il faut comprendre de quoi il faut se débarrasser pour que la transformation ait lieu.

Les plus grands rêves sont ceux dans lesquels émerge l'inconscient collectif. La personne peut ne pas voir de rapport entre elle et le rêve qu'elle a fait. Car le rêve est chargé de symboles et d'archétypes, inconnus ou presque du rêveur. Ces rêves peuvent reprendre des trames mythologiques. Ils sont très revitalisants pour la personne et l'ouvrent à une dimension intérieure insoupçonnée. Ce sont souvent les rêves qu'on se rappelle le moins, car notre mémoire est sélective et a tendance à retenir avant tout les rêves les plus proches de notre sphère de conscience, donc les moins symboliques.

Pourquoi Jung est-il encore aujourd'hui moins connu que Freud ?

Certains ont dû se battre pour faire traduire et éditer les œuvres de Jung en France. Je pense notamment à Michel Cazenave qui a fini par faire éditer la plupart des œuvres inédites de Jung aux éditions Albin Michel. Et ce travail est tout récent. C'est dire à quel point, et c'est un phénomène surtout français, l'imprégnation des esprits par la vision freudienne est puissante. Vous vous en rendez compte encore aujourd'hui. Lorsque Michel Onfray publie un livre qui détrône l'icône Freud de son piédestal, il reçoit des insultes de nombreux psychanalystes. La violence du débat est significative. Jung propose une vision de l'homme qui intègre le plan spirituel. Lui-même était croyant, et la réalité de l'esprit une évidence. C'est là la divergence essentielle entre Freud et Jung, nous l'avons vu. Et la vision dominante en France depuis l'après-guerre, dans le domaine de la psychanalyse, mais pas seulement, se rattache à une vision qui se refuse d'intégrer le religieux ou le sacré comme un élément structurant et nécessaire de la conscience humaine. Donc, que Jung introduise la notion d'une âme médiatrice entre le corps et l'esprit, qu'il parle de mandalas, d'alchimie, donc de traditions millénaires qui mettent en évidence la spiritualité de l'être humain, tout ceci est encore loin d'être accepté.

Vous avez à peine évoqué le concept de synchronicité chez Jung. Pourquoi ?

Certainement pas par manque d'intérêt ! Le concept de synchronicité tel que Jung l'a étudié est tout à fait passionnant. Il a forgé ce terme pour exprimer une coïncidence significative, une correspondance ou une simultanéité porteuse de sens. Par exemple, cette coïncidence peut s'effectuer entre un état psychique à un moment donné et un événement extérieur qui se déroule au même moment. Ces deux phénomènes ne sont pas causalement reliés l'un à l'autre, et pourtant ils offrent un parallélisme de sens. L'exemple le plus célèbre donné par Jung lui-même est celui du scarabée. Jung avait une jeune patiente, très cartésienne, éprouvant des difficultés à briser la carapace dans laquelle elle s'était enfermée. Un jour, elle fit un rêve impressionnant, où quelqu'un lui faisait cadeau d'un scarabée d'or. Alors qu'elle finissait de raconter son rêve, un scarabée vint frapper légèrement à la fenêtre. Jung ouvrit la fenêtre, attrapa l'insecte aux reflets dorés, et le tendit à la patiente, en lui disant : «Le voilà, votre scarabée». Cet événement ouvrit dans le rationalisme de la patiente une brèche, et son traitement put se poursuivre avec succès.

Pour bien comprendre l'histoire, il faut se rappeler que le scarabée est un antique symbole égyptien associé à la renaissance et à la transformation.

Jung donne de multiples autres exemples de ces synchronicités.

La synchronicité peut aussi être expérimentée entre des rêves, entre des idées analogues se présentant simultanément à différents endroits. Ni les unes ni les autres de ces manifestations ne peuvent s'expliquer par la causalité. Elles semblent plutôt être en relation avec des processus de l'inconscient. Un synonyme de synchronicité, c'est la coïncidence signifiante. Ce n'est donc pas une simple simultanéité, mais des correspondances qui font sens. C'est un concept qu'il a longuement travaillé avec le physicien Pauli, qui étudiait de son côté ce processus. Après de multiples échanges de lettres, ils sont finalement tombés d'accord sur une manière de présenter la synchronicité.

Nos deux chercheurs ont décidé de rajouter la synchronicité aux trois facteurs classiques de la physique : l'espace, le temps et la causalité. Leurs recherches ont une portée scientifique immense, qui déborde les seuls domaines physique ou psychologique. On y retrouve les grandes notions de la physique quantique, le continuum espace-temps, la notion de disconti-nuité, de hasard, mais aussi d'archétypes. Ils ont donné l'impulsion à de nombreuses recherches qui se poursuivent activement aujourd'hui. Pour Jung, le phénomène de synchronicité explique des pratiques divinatoires ancestrales comme la méthode de consultation du *Yi King*, le livre des Métamorphoses chinois. Il ne s'agit pas néanmoins pour Jung de réelles prédictions. L'utilisation de la synchronicité prétend simplement prédire la qualité générale des moments où des coïncidences peuvent se produire.

La synchronicité repose en effet sur l'activation dans l'inconscient d'une personne d'une image archétypale, qui agit comme un miroir et lui renvoie une sorte de reflet sous la forme d'un événement marqué de symboles afin de pouvoir les utiliser. La personne se trouve alors face à un «hasard» signifiant et créateur. L'image archétypale agit comme un miroir ou un attracteur d'une forme pensée qui s'en rapproche.

Effet de résonance, de réflexion, d'attraction. C'est ainsi que la consultation d'une méthode divinatoire permet de faire s'exprimer l'image archétypale, qui était alors inconsciente. C'est un révélateur, rien de plus, mais rien de moins non plus.

Dans la théorie jungienne, l'apparition de synchronicités peut être favorisée par l'intuition et par l'étude de ses rêves. L'intuition permettrait de nous diriger vers des événements chargés de sens. En effet, sous l'autorité de notre mental habituel, le chemin que nous prenons est le chemin le plus court, le plus efficace, le moins risqué, bref le plus logique. Sous la gouverne de l'intuition, le chemin que nous choisirions serait le chemin le plus chargé de sens.

Accorder de l'attention à ses rêves, c'est encourager son mental à prêter attention aux détails de son existence, et cela aide à intégrer les messages inconscients à son vécu conscient, et d'être ainsi plus à l'écoute des coïncidences et des synchronicités. Sans en devenir l'esclave bien entendu.

C'est le message de nombreux contes de fées, que Jung a beaucoup étudiés, et à sa suite, sa disciple Marie-Louise von Franz. Le héros des contes de fées doit être à l'écoute de ces coïncidences, de ces hasards qui jalonnent sa route s'il veut relever les défis et réussir ses épreuves. Et c'est toujours le cœur du héros qui les perçoit et pas seulement son intelligence. Ce cœur capable d'un amour inconditionnel pour le thème de sa quête, l'unité retrouvée, l'union avec ce qu'il a de plus lumineux en lui.

RENCONTRES PHILOSOPHIQUES

La philosophie est un art de pratiquer de manière simple et authentique la sagesse de tous les temps. Cette collection se situe à la frontière entre un enseignement oral et une forme écrite, pour partager non seulement des idées, mais des sentiments touchant le cœur de chacun. Elle souhaite permettre un dialogue vivant et accessible avec les plus grands auteurs et courants philosophiques. Elle invite à nous enrichir, à questionner ensemble, à ouvrir d'autres horizons. Chaque ouvrage possède une partie questions-réponses pour nourrir sa réflexion et donner des repères essentiels.

Dernières parutions

1. *Montaigne. L'homme de toujours*
2. *Les Stoïciens. L'âme tranquille*
3. *Jung. La philosophie des contraires*
4. *Nietzsche. Le tragique*

À paraître prochainement

5. *Lao Zi. Le dragon de sagesse*
6. *Saint-Exupéry. Le voyage du Petit Prince*
7. *Les Présocratiques. La puissance du mystère*
8. *Camus. Le vécu des mythes*
9. *Pascal. L'intelligence du cœur*
10. *Platon. L'harmonie*
11. *Épicure. L'art de l'amitié*
12. *Simone Weil. L'amour absolu*
13. *Les Sophistes. L'art de la manipulation*
14. *Héraclite. L'énigme du fleuve*